COLLECTION
FICHEBOOK

ÉMILE ZOLA

La Curée

Fiche de lecture

Les Éditions du Cénacle

© Les Éditions du Cénacle, 2020.

1 rue Honoré - 93500 Pantin.

ISBN 978-2-36788-670-1

Dépôt légal: Juin 2020

Impression Books on Demand GmbH

In de Tarpen 42

22848 Norderstedt, Allemagne

SOMMAIRE

SOMMAIRE

BIOGRAPHIE

ZOLA

Émile Zola est né à Paris le 2 avril 1840. Il est fils d'un émigrant italien et brillant ingénieur venu s'installer en 1843 à Aix-en-Provence afin de construire un système de barrages et canal pour alimenter la ville en eau. Le père Zola décède en 1847, laissant derrière lui une veuve sans ressource. Après la mort de Francesco Zola, la famille vient s'installer à Paris et supporte une situation matérielle de plus en plus critique.

Au collège déjà, Émile Zola annonce les prémices d'une carrière d'écrivain. Il accumule les lectures et se forge une culture littéraire. Cependant, lorsqu'il entre au lycée Saint-Louis à Paris, la maladie et le dépaysement provoqué par l'arrivée dans la capitale surpeuplée perturbent le jeune homme qui échoue au baccalauréat et abandonne ses études. Il fait alors la difficile expérience de l'entrée sur le marché du travail sans expériences ni qualifications.

Paris le fascine rapidement : ses transformations (notamment les travaux d'Haussmann), ses spectacles et son charme.

Il se lie d'amitié avec de jeunes peintres tels que Cézanne, Pissarro, Guillemet, Monet et Manet qui se distinguent par une nouvelle manière de peindre et dont il s'inspirera d'ailleurs dans ses longues descriptions.

Émile Zola entre dans la maison d'édition Hachette en 1862 où il est engagé comme employé au bureau de publicité, ce qui lui offre l'opportunité d'entrer en relations avec des personnages influents dans l'univers de la presse.

Il commence à écrire pour certains journaux. Il est engagé par *Le Petit Journal* et par *Le Salut public* de Lyon.

Il s'émancipe enfin et décide de vivre de sa plume en devenant critique littéraire et artistique puis journaliste politique.

En effet, il s'intéresse de manière très précise à l'histoire politique du pays comme en témoigne ses allusions à l'Empereur dans ses romans. Il collabore avec les journaux d'opposition en 1868.

Le journaliste-écrivain entreprend une fresque romanesque à l'image de *La Comédie Humaine* de Balzac en 1867.

Il épouse sa compagne Alexandrine Meley en 1870.

L'œuvre des *Rougon-Macquart* écrite sous le régime même dont il évoque l'avènement, retrace la vie d'une famille ambitieuse issue d'une province misérable qui déborde d'appétits et qui s'insère dans la foule de faussaires partie à la conquête des richesses et plaisirs de l'or et de la chair de Paris.

Il s'agit ainsi de s'immiscer dans la société du second Empire, depuis le Coup d'État du 2 décembre 1851 à la défaite de Sedan en 1870 à travers l'histoire d'une famille.

Le premier volume, *La Fortune des Rougon*, commence à paraître en feuilleton dans *Le Siècle*, puis se succèdent *La Curée* en 1872, *Le Ventre de Paris* en 1873 et *La Conquête de Plassans* en 1874.

Il écrit roman sur roman et donne pour titre à cette grande fresque celui d'*Histoire naturelle et sociale d'une famille sous le Second Empire*.

Avec son roman *L'Assommoir* qui paraît en feuilleton dans *Le Bien Public* puis dans *La République des lettres* en 1876, l'écrivain atteint en quelques mois la célébrité. Son œuvre est reçue avec succès mais subit des coupes fréquentes.

Émile Zola s'impose progressivement dans le courant du naturalisme : il se fait observateur de la société et des hommes de son temps.

Il écrit par moyenne un roman par an, autant de chefs-d'œuvre qui se succèdent avec *Germinal* en 1885, *La Terre* en 1887, *La Bête Humaine* en 1890, *L'Argent* en 1891 et *Le Docteur Pascal* en 1893.

Zola se lance alors dans une nouvelle série avec *Lourdes* (1884), *Rome* (1896) et *Paris* (1898).

Il s'engage par la suite dans « l'affaire Dreyfus » et se fait défenseur du capitaine, accusé à tort d'espionnage en faveur de l'Allemagne. Il publie alors le célèbre *J'accuse* dans *L'Aurore* en 1897 qui lui vaut une condamnation d'un an d'emprisonnement et une lourde amende.

Émile Zola finit par s'exiler en Angleterre. Il meurt le 29 septembre 1902, laissant planer derrière lui le mystère d'une mort accidentelle ou provoquée puisqu'il meurt asphyxié. Les cendres d'Émile Zola sont transférées au Panthéon le 4 juin 1908.

PRÉSENTATION
DU ROMAN

La Curée, qui paraît en Octobre 1871 chez l'éditeur A. Lacroix, est le deuxième volet de la série des *Rougon-Macquart*. Dans le roman, Zola dépeint la spéculation financière et la corruption qui règnent à outrance et qui sont en relation directe avec les grands travaux haussmanniens.

La célèbre série retrace l'histoire d'une famille ambitieuse qui cherche à prendre revanche sur une vie dure et misérable en partant à la conquête de Paris et de ses richesses matérielles et charnelles.

Aristide Saccard fait partie de ces aventuriers qui participent à la curée (la « curée », dans son sens littéraire, signifie « ruée avide pour s'emparer des biens, des places, des honneurs laissés vacants », *Larousse*), grimpent les échelons et amassent des fortunes par le biais des spéculations immobilières touchées par la corruption caractéristique du Second Empire.

La Curée synthétise cette lutte sans merci que se sont livrés les ambitieux voleurs qui tiennent Paris à la gorge et tentent de se creuser une place dans cette danse des millions que la capitale à rendue possible.

Pour ce faire, l'écrivain s'inspire de la capitale qu'il côtoie quotidiennement et avec laquelle il entretient une relation singulière. Il fréquente les cafés, est témoin des démolitions qui s'opèrent dans Paris et assiste aux spectacles de la vie courante qu'il décrit d'un œil attentif puisqu'il subit l'influence des peintres et accorde une grande importance aux descriptions.

La Curée offre ainsi la peinture de la débauche d'une société tenue par une poignée de personnages sans scrupules qui s'enrichissent d'argent volé, escroquent — parfois même des proches — et tombent dans les vices de la chair et de l'adultère.

Ainsi, le roman s'attaque à deux thèmes essentiels, l'or et la chair, Aristide incarnant le premier et Renée le second.

La Curée, c'est aussi la tragédie d'une femme insatisfaite et imprudente. Émile Zola s'inspire incontestablement de la tragédie racinienne Phèdre.

Le roman se fait témoin du tourbillon de la vie mondaine des privilégiés bercés par l'argent et le sexe.

RÉSUMÉ DU ROMAN

Chapitre I

Renée est une femme du monde, riche, enviée et jalou-
sée de toutes les femmes. Elle se dit pourtant lasse de cette
monotonie écrasante qu'elle subit quotidiennement. Lasse
des fêtes mondaines, du luxe et de la satisfaction immédiate,
elle confie à son beau-fils Maxime être à la recherche de cette
envie qu'elle est incapable de formuler, qui pourrait selon
elle lui redonner le goût de la vie : « L'idée de cet "autre
chose" que son esprit tendu ne pouvait trouver. »

Un banquet est organisé au prestigieux hôtel du parc de
Monceau. Maxime à la demande de son père Aristide Saccard, est censé se rapprocher de Louise Mareuil. Ce qui sem-
blait être une véritable corvée pour le jeune homme va s'avé-
rer être un pur plaisir, au grand désespoir de Renée qui laisse
percevoir des signes de jalousie.

Chapitre II

Le chapitre s'ouvre sur un retour en arrière explicatif qui
dresse le portrait sombre d'Aristide Rougon, un misérable
provincial, parfait arriviste parti à la conquête de Paris et de
ses richesses qu'il pense démesurées.

Arrivé en 1852 à Paris, accompagné de sa femme Angèle
et de sa fille Clothilde, il place son fils Maxime au collège de
Plassans. Avide de pouvoir et de fortune, il espère prendre sa
revanche sur une vie parcourue d'erreurs et de désirs étouffés
mais sa vie de famille reste un grand obstacle.

Il prend exemple et appui sur son frère Eugène et sa sœur
Sidonie.

Par mesure de sécurité, Eugène conseille à son frère de
changer de nom. Ce dernier prend ainsi le nom de Saccard,
un nom qui fait sonner les pièces de cent sous.

Aristide, qui s'attendait à pétrir l'or dans les rues parisiennes se confronte à la dure réalité : « Être pauvre à Paris, c'est être pauvre deux fois. » Il accepte avec peu d'enthousiasme l'emploi que son frère lui a trouvé ; il est nommé commissaire voyer adjoint à l'Hôtel de Ville.

Il apprend la profession, les coulisses et la corruption qui règne à l'Hôtel de Ville, les nouveaux réseaux de Paris qui feront de l'argent : « Ses fonctions lui avaient appris ce qu'on peut voler dans l'achat et la vente des immeubles et des terrains. Il était au courant de toutes les escroqueries classiques : il savait comment on revend pour un million ce qui a coûté cinq cent mille francs. »

Son épouse tombe gravement malade. Alors qu'elle est en pleine agonie, Mme Sidonie, en véritable entremetteuse, explique à son frère qu'une jeune fille de dix-neuf ans, issue de la vieille bourgeoisie et tombée enceinte lors d'un viol, est à marier. C'est Renée.

Le père Béraud du Châtel s'est juré de tuer sa fille mais la tante Elizabeth, pour éviter la catastrophe, s'est faite complice et est parvenue à persuader le vieillard que le père de l'enfant est un honnête homme et qu'il est prêt à se marier pour réparation.

Aristide, désireux de sortir de cette vie qui le cloue à la misère, accepte ce rôle. Il confie sa fille à un de ses frères.

Il élabore un plan avec sa sœur, et se fait passer pour un personnage aisé pour ne pas éveiller les soupçons de la tante. L'affaire est conclue. Comme prévu, la jeune femme fait une fausse couche.

Marié, il s'accapare progressivement les terrains dédiés à son épouse Renée : « Ses calculs étaient faits : il achetait à sa femme, sous le nom d'un intermédiaire, sans paraître aucunement, la maison de la rue de la Pépinière, et triplait sa mise de fonds, grâce à sa science acquise dans les couloirs de l'Hôtel de Ville, et à ses bons rapports avec certains personnages influents. »

Il corrompt deux hommes puissants, le baron Gouraud et M. Toutin-Laroche, qui font estimer sa maison bien plus chère qu'elle ne vaut. Ainsi, il met en œuvre son grand projet de conquérir progressivement les immeubles du réseau secondaire parisien, émergeant, pour enfin faire fortune.

Chapitre III

Pour parfaire son rôle de veuf remarié, riche et sérieux, Aristide fait venir son fils Maxime à Paris. L'adolescent se lie d'amitié avec Renée qui se plaît à l'éduquer en homme distingué.

Aristide, de plus en plus obnubilé par ses affaires, se fait absent ce qui à pour conséquence un rapprochement de plus en plus intime entre son épouse et son fils.

Aristide est au sommet de tous ses rêves les plus fous, sa fortune est à son apogée : « Aristide Saccard avait enfin trouvé son milieu. Il s'était révélé grand spéculateur, brasseur de millions. » Il rêve désormais de tirer profit de son fils Maxime et pour cela, projette de le marier à Louise Mareuil, une jeune fille laide au père fortuné.

Les deux familles se lient ainsi d'une amitié intéressée.

Chapitre IV

L'analepse terminée, le chapitre s'ouvre de nouveau sur Renée regardant d'un mauvais œil Louise et Maxime riant aux éclats. La jalousie de Renée demeure secrète.

Elle prie Maxime, qui connaît bien les lieux de débauche et de plaisir, de la mener au bal des actrices chez Blanche Muller. Lors d'une soirée au restaurant, le pire se produit :

ils échangent leur premiers baisers et de là naît une relation semi-incestueuse.

La situation financière des Saccard devient préoccupante, les dettes de Renée contractées chez Worms refont surface, et Aristide en profite pour lui annoncer qu'il est dans l'incapacité d'assurer de telles dépenses. Il lui explique que sa dot lui a servi à couvrir toutes ses dépenses : « La vérité était que la dot de Renée n'existait plus depuis longtemps; elle avait passé, dans la caisse de Saccard, à l'état de valeur fictive. »

Elle songe, pour rembourser ses dettes, à vendre le terrain de Charonne offert par sa tante Elizabeth : « Elle arrivait enfin, d'elle-même, au point où il l'amenait doucement depuis le commencement [...] Il y avait deux ans déjà qu'il préparait son coup de génie du côté de Charonne. » Toutes ses dettes la rendaient malade et elle trouvait réconfort dans les bras de Maxime.

Chapitre V

Les dépenses des deux amants deviennent de plus en plus extravagantes.

Parallèlement, Aristide met tout en œuvre pour que son épouse cède à la vente son terrain de Charonne.

La relation amoureuse de Renée et Maxime devient de plus en plus embarrassante aux yeux du jeune homme tenté par le mariage prévu avec Louise, lui assurant une dot d'un million.

Le jeune homme se décide à rompre à la première occasion venue. Un soir, il aperçoit l'ombre d'un homme dans le cabinet de Renée. Elle prétend qu'il s'agit de M. de Saffré. Maxime, en colère, met fin à leur relation.

Lors d'une soirée chez Laure d'Aurigny, Aristide annonce à son complice Larsonneau qu'il est parvenu à duper son épouse. Maxime a entendu la conversation.

Lors du trajet du retour, le père et le fils discutent et Aristide lui confie son rapprochement avec Renée. Maxime comprend dès lors que Renée lui a menti et que l'ombre dans le cabinet n'était autre que celle de son père.

Il se rend chez Renée et lui explique qu'elle se fait duper par son époux. Le lendemain, la jeune femme, sans argumenter, renonce à signer l'acte de cession. Aristide enrage silencieusement : « Tout son rêve croulait. »

Chapitre VI

Un bal travesti est organisé chez les Saccard. Aristide en profite pour annoncer publiquement le mariage de son fils avec la fille Mareuil.

Cette annonce résonne comme une trahison pour Renée qui s'empresse d'attirer Maxime dans son cabinet. Elle menace Maxime de le kidnapper : « Je vais t'enfermer ici ; et quand il fera jour, nous partirons pour Le Havre. » Le jeune homme, terrifié, craint le scandale.

Dans la précipitation, Renée signe l'acte de cession que son mari lui avait laissé.

Aristide, alerté par sa sœur qu'il avait chargée de surveiller son épouse, se rend dans le cabinet. Il surprend les deux amants. Écœuré et brûlant de colère, il récupère l'acte de cession et s'en retourne silencieux comme si de rien n'était.

Renée reste seule, dégoûtée par son corps et son immoralité, punie par l'indifférence de son époux et de Maxime : « Elle était finie. Elle se vit morte. »

Chapitre VII

Aristide Saccard continue à amasser une grosse fortune.

La mort de Louise laisse Maxime pour veuf. Renée reste hantée par l'idée de se venger de ces deux hommes qui l'ont volée et humiliée : « Elle se vengeait, elle jetait à la face de ces deux hommes l'infamie qu'ils avaient mise en elle. »

Elle conte avec insistance l'inceste à son époux. C'est à l'hôtel Béraud, haut lieu de son enfance, qu'elle trouvait refuge, comme abrité de l'hypocrisie d'un monde obsédé par les plaisirs.

Elle meurt d'une méningite, laissant derrière elle des dettes faramineuses chez son fameux couturier, que son père se charge de payer.

LES RAISONS
DU SUCCÈS

La rédaction de *La Curée* fut interrompue par la guerre entre la France et la Prusse et c'est à l'automne 1871 que fut achevée l'œuvre. Le roman parut d'abord en feuilleton dans La Cloche à partir du 29 septembre. La publication fut cependant suspendue le 5 novembre sur intervention du Parquet en raison de la sulfureuse scène du café Riche.

En effet, le récit se démarque par la crudité de son langage et par l'audace du thème de l'inceste évoqué avec une insistance et une sensualité jugée indécente.

Le roman suscite le respect des grands écrivains. Ainsi, Zola reçoit les éloges de ses confrères Gustave Flaubert, Edmond de Goncourt, J-K. Huysmans et Guy de Maupassant.

Bien qu'il s'agisse d'un véritable chef-d'œuvre, l'œuvre reste peu lue et il faudra attendre le succès de *L'Assommoir* pour attirer l'attention des lecteurs sur les œuvres antérieures de Zola.

Émile Zola s'inscrit parfaitement dans son temps et dans le courant du naturalisme qu'il revendique à travers la fresque des *Rougon-Macquart*. Il s'inscrit ainsi dans la continuation du courant réaliste et s'attache à l'observation exacte des individus et de la société. Il souligne par ailleurs l'importance de l'hérédité et de l'influence du contexte familial dans lequel l'individu évolue.

L'auteur s'inspire notamment des écrivains qui ont inaugurés la mouvance du réalisme tels que Flaubert avec *Madame Bovary*, Maupassant mais surtout Balzac avec *La Comédie Humaine*, véritable édifice littéraire dans lequel le passé du personnage est souvent révélé après sa présentation.

Par ailleurs, *La Curée* prend pour objet l'histoire politique d'une période encore proche puisque seulement une dizaine d'années sépare l'époque du roman et celle de sa publication. Elle fait valeur de témoignage intéressant et de document historique riche en informations.

La Curée s'inscrit certes dans une fresque romanesque mais elle s'est construite sur une peinture fidèle de la société du Second Empire, sur le dépeçage de la capitale : « On sait ce que je veux dire. Tous les appétits ont été lâchés. Ils se sont rués à la jouissance avec un emportement de bête, à la jouissance brutale, aiguë, jusqu'à la folie furieuse », écrit Zola dans *Le Rappel* du 13 mai 1870.

LES THÈMES PRINCIPAUX

Dans *La Curée*, deux thèmes essentiellement évoqués sont l'or et la chair, comme en témoigne la préface du récit : « La Curée est la note de l'or et de la chair. »

Le roman évoque principalement le thème de l'argent volé, de la soif de fortune qu'incarne la famille Rougon.

En effet, les ambitions d'Aristide Saccard ne sont guidées que par son désir d'enrichissement. Il est immédiatement présenté comme un arriviste prêt à sacrifier sa famille pour parvenir à ses fins : « Aristide voulait avoir les mains libres ; une femme et une enfant lui semblaient déjà un poids écrasant pour un homme décidé à franchir tous les fossés, quitte à se casser les reins ou à rouler dans la boue. »

Il voit en Paris l'occasion de se venger de son amère vie passée et s'imagine pétrir l'or dans la capitale. Confronté à la dure réalité, il use de ses fonctions à l'Hôtel de Ville pour rejoindre le camp des corrompus et participer à la curée.

En effet, il achète à moindre coup des immeubles destinés aux démolitions pour les revendre à des coups très élevés. Dans les coulisses de la mairie, il apprend en avant première quelles seront les tracés des nouveaux boulevards de Paris, et s'accapare secrètement et un par un les terrains de son épouse Renée. Mais pour ce faire, il fait travailler son génie sans se soucier de la moralité de ses actions : « Duper les gens, leur en donner moins que pour leur argent, était un régal. »

Aristide symbolise l'obsession de l'argent, toutes ses actions sont guidées par ses intérêts. Il se marie avec Renée pour jouir de sa dot et dépossède son épouse des terres qui lui ont été léguées. Plus tard, il gardera son sang froid lorsqu'il prendra en flagrant délit son fils et sa femme dans le cabinet de toilette. Sa femme venait en effet de signer l'acte de cession du dernier terrain en sa possession.

L'argent semble devenir la raison de vivre d'Aristide qui,

même ruiné, souhaite toujours laisser paraître une façade do
rée et ne se refuse ainsi aucune dépense : « Il préférait garder
le luxe inutile et la misère réelle de ces voies nouvelles, d'où il
avait tiré sa colossale fortune de chaque matin mangée chaque
soir. »

Cette obsession de l'argent semble héréditaire, ainsi toute
la famille Rougon est entrainée dans cette course aux millions. Chaque personnage emprunte un chemin différent mais
tous restent prudents et témoignent d'intelligence et de génie.
Eugène, lentement mais sûrement, trouve dans la politique
une opportunité de faire fortune en devenant ministre. Mme
Sidonie se fait entremetteuse et empoche de l'argent à droite à
gauche. Maxime, quant à lui, se résout au mariage avec Louise
Mareuil, non pas par amour, mais pour la dot avantageuse qui
en découle.

Zola met en scène ce débordement d'appétits qui marque
cette société mondaine obsédée par le luxe et le contentement
immédiat. Ainsi, les bals travestis, les sorties luxueuses et les
robes hors de prix sont autant de caprices insolents d'un petit
cercle de privilégiés qui arrache à la ville sa fortune par des
démarches frauduleuses.

Renée incarne l'autre obsession du cercle des privilégiés
corrompus par l'argent et le sexe : « L'argent volé, les femmes
vendues. »

En effet, Zola présente une société débauchée, bercée dans
l'adultère devenue chose commune et dans le vice. Ainsi
les femmes usent de leurs charmes pour parvenir à leurs fins
(Laure d'Aurigny) et les hommes tombent dans les bras des
femmes influentes.

C'est dans le vice le plus profond que Renée trouve satisfaction : l'inceste.

La jeune femme se réjouit de son péché : « J'ai mon crime. »
Plongée dans une société où le péché est chose courante, elle parvient dans un premier temps à ne pas culpabiliser et jouit de ces instants passés dans la serre en compagnie de son amant et beau-fils Maxime.

La scène du café Riche est décrite avec audace et les nuits dans la serre se font de plus en plus torrides. C'est elle qui domine, elle fait l'homme. Renée ne comprend que trop tard sa bêtise et c'est Céleste, la femme de chambre qui incarne la raison, qui la lui fait comprendre. En effet, la jeune femme s'oppose diamétralement à ce monde de perversité dont elle est témoin au premier plan.

Renée incarne l'incestueuse, condamnée à un dénouement tragique, mais c'est toute cette société perverse qu'elle englobe, toute l'hypocrisie écœurante de ces bourgeois qui se pavanent dans les rues parisiennes avec des vices plus grands que les siens mais plus secrètement gardés : « Quel était donc son crime, et pourquoi aurait-elle rougi ? Est-ce qu'elle ne marchait pas chaque jour sur des infamies plus grandes ? Est-ce qu'elle ne coudoyait pas, chez les ministres, aux Tuileries, partout des misérables comme elle, qui avaient sur leur chair des millions et qu'on adorait à genoux ? »

ÉTUDE DU MOUVEMENT LITTÉRAIRE

Émile Zola se situe dans le courant du naturalisme qui s'impose dans la seconde moitié du XIXe siècle.

En effet, la littérature de la seconde moitié du XIXe siècle est dominée par le naturalisme développé à partir de 1865 dans la mouvance du réalisme.

Le naturalisme est marqué par les progrès de la recherche scientifique (les ouvrages de Louis Figuier, les travaux en médecine de Claude Bernard, la théorie de Darwin diffusée à partir de 1862) et le traité de Zola, *Le Roman expérimental* paru en 1880, dans lequel l'auteur expose sa propre vision du naturalisme.

Le courant est incontestablement influencé par les travaux du docteur Lucas, *Traité philosophique et physiologique de l'hérédité naturelle* (1847-1850) à partir duquel les naturalistes s'inspirent pour transposer dans le roman les lois de l'hérédité et du milieu sur les individus.

Il s'agit ainsi de démontrer la transmission héréditaire d'une fatalité biologique au sein d'une même famille et de mettre en évidence le contexte familial dans lequel évolue l'individu.

Les naturalistes s'attachent par ailleurs à décrire les fléaux sociaux comme l'alcoolisme ou la prostitution, comme dans *L'Assommoir*, et à souligner les malheurs du peuple, accentués par l'urbanisation et le capitalisme naissant.

Le naturalisme se démarque aussi par la pratique de l'enquête préparatoire et l'usage du document au sein même de l'œuvre.

L'amplification épique dans la représentation des lieux et des personnages est également un des procédés propres aux naturalistes.

Vivre de sa plume dans la seconde moitié du XIXe siècle

n'est pas chose aisée, les rémunérations offertes par les libraires-éditeurs aux romanciers sont très variables. Elles s'élèvent à quelques centaines de francs pour une première œuvre, à 300 000 francs pour ce qui peut être considéré comme un chef-d'œuvre (*Les Misérables* de Victor Hugo).

Les romanciers ne jouissent pas tous comme Flaubert de ressources personnelles conséquentes leur permettant de vivre décemment. Souvent, ils accumulent des fonctions diverses : celle de journaliste, de critique artistique ou littéraire.

Dans le meilleur des cas, le romancier parvient à vivre de ses récits qu'il vend en feuilletons à une presse.

DANS LA MÊME COLLECTION
(par ordre alphabétique)

- **Anonyme**, *La Farce de Maître Pathelin*
- **Anouilh**, *Antigone*
- **Aragon**, *Aurélien*
- **Aragon**, *Le Paysan de Paris*
- **Austen**, *Raison et Sentiments*
- **Balzac**, *Illusions perdues*
- **Balzac**, *La Femme de trente ans*
- **Balzac**, *Le Colonel Chabert*
- **Balzac**, *Le Lys dans la vallée*
- **Balzac**, *Le Père Goriot*
- **Barbey d'Aurevilly**, *L'Ensorcelée*
- **Barbey d'Aurevilly**, *Les Diaboliques*
- **Bataille**, *Ma mère*
- **Baudelaire**, *Les Fleurs du Mal*
- **Baudelaire**, *Petits poèmes en prose*
- **Beaumarchais**, *Le Barbier de Séville*
- **Beaumarchais**, *Le Mariage de Figaro*
- **Beauvoir**, *Mémoires d'une jeune fille rangée*
- **Beckett**, *En attendant Godot*
- **Beckett**, *Fin de partie*
- **Brecht**, *La Noce*
- **Brecht**, *La Résistible ascension d'Arturo Ui*
- **Brecht**, *Mère Courage et ses enfants*
- **Breton**, *Nadja*
- **Brontë**, *Jane Eyre*
- **Camus**, *L'Étranger*
- **Carroll**, *Alice au pays des merveilles*
- **Céline**, *Mort à crédit*

- **Céline**, *Voyage au bout de la nuit*
- **Chateaubriand**, *Atala*
- **Chateaubriand**, *René*
- **Chrétien de Troyes**, *Perceval ou le conte du Graal*
- **Chrétien de Troyes**, *Yvain ou le Chevalier au lion*
- **Cocteau**, *La Machine infernale*
- **Cocteau**, *Les Enfants terribles*
- **Colette**, *Le Blé en herbe*
- **Corneille**, *Le Cid*
- **Crébillon fils**, *Les Égarements du cœur et de l'esprit*
- **Defoe**, *Robinson Crusoé*
- **Dickens**, *Oliver Twist*
- **Du Bellay**, *Les Regrets*
- **Dumas**, *Henri III et sa cour*
- **Duras**, *L'Amant*
- **Duras**, *La Pluie d'été*
- **Duras**, *Un barrage contre le Pacifique*
- **Flaubert**, *Bouvard et Pécuchet*
- **Flaubert**, *L'Éducation sentimentale*
- **Flaubert**, *Madame Bovary*
- **Flaubert**, *Salammbô*
- **Gary**, *La Vie devant soi*
- **Giraudoux**, *Électre*
- **Giraudoux**, *La Guerre de Troie n'aura pas lieu*
- **Gogol**, *Le Mariage*
- **Homère**, *L'Odyssée*
- **Hugo**, *Hernani*
- **Hugo**, *Les Misérables*
- **Hugo**, *Notre-Dame de Paris*
- **Huxley**, *Le Meilleur des mondes*
- **Jaccottet**, *À la lumière d'hiver*
- **James**, *Une vie à Londres*
- **Jarry**, *Ubu roi*

- **Kafka**, *La Métamorphose*
- **Kerouac**, *Sur la route*
- **Kessel**, *Le Lion*
- **La Fayette**, *La Princesse de Clèves*
- **Le Clézio**, *Mondo et autres histoires*
- **Levi**, *Si c'est un homme*
- **London**, *Croc-Blanc*
- **London**, *L'Appel de la forêt*
- **Maupassant**, *Boule de suif*
- **Maupassant**, *Le Horla*
- **Maupassant**, *Une vie*
- **Molière**, *Amphitryon*
- **Molière**, *Dom Juan*
- **Molière**, *L'Avare*
- **Molière**, *Le Malade imaginaire*
- **Molière**, *Le Tartuffe*
- **Molière**, *Les Fourberies de Scapin*
- **Musset**, *Les Caprices de Marianne*
- **Musset**, *Lorenzaccio*
- **Musset**, *On ne badine pas avec l'amour*
- **Perec**, *La Disparition*
- **Perec**, *Les Choses*
- **Perrault**, *Contes*
- **Prévert**, *Paroles*
- **Prévost**, *Manon Lescaut*
- **Proust**, *À l'ombre des jeunes filles en fleurs*
- **Proust**, *Albertine disparue*
- **Proust**, *Du côté de chez Swann*
- **Proust**, *Le Côté de Guermantes*
- **Proust**, *Le Temps retrouvé*
- **Proust**, *Sodome et Gomorrhe*
- **Proust**, *Un amour de Swann*
- **Queneau**, *Exercices de style*

- **Quignard**, *Tous les matins du monde*
- **Rabelais**, *Gargantua*
- **Rabelais**, *Pantagruel*
- **Racine**, *Andromaque*
- **Racine**, *Bérénice*
- **Racine**, *Britannicus*
- **Racine**, *Phèdre*
- **Renard**, *Poil de carotte*
- **Rimbaud**, *Une saison en enfer*
- **Sagan**, *Bonjour tristesse*
- **Saint-Exupéry**, *Le Petit Prince*
- **Sarraute**, *Enfance*
- **Sarraute**, *Tropismes*
- **Sartre**, *Huis clos*
- **Sartre**, *La Nausée*
- **Senghor**, *La Belle histoire de Leuk-le-lièvre*
- **Shakespeare**, *Roméo et Juliette*
- **Steinbeck**, *Les Raisins de la colère*
- **Stendhal**, *La Chartreuse de Parme*
- **Stendhal**, *Le Rouge et le Noir*
- **Verlaine**, *Romances sans paroles*
- **Verne**, *Une ville flottante*
- **Verne**, *Voyage au centre de la Terre*
- **Vian**, *J'irai cracher sur vos tombes*
- **Vian**, *L'Arrache-cœur*
- **Vian**, *L'Écume des jours*
- **Voltaire**, *Candide*
- **Voltaire**, *Micromégas*
- **Voltaire**, *Zadig*
- **Zola**, *Au Bonheur des Dames*
- **Zola**, *L'Argent*
- **Zola**, *L'Assommoir*
- **Zola**, *Nana*

• **Zola**, *Pot-Bouille*

Lightning Source UK Ltd.
Milton Keynes UK
UKHW010639300721
388036UK00002B/526